かみさま、きいて！

こどものいのり

大澤秀夫＋真壁　巌＝監修

日本キリスト教団出版局

装幀／本文・扉レイアウト
堅田和子

装画／本文イラスト
望月麻生

はじめに

みなさんがおいのりする時《とき》に、やくに立《た》つように、このおいのりの本《ほん》を作《つく》りました。せいしょ、さんびかといっしょに、いつも手《て》にもってつかってくださると、うれしいです。

どのページにも、おいのりがのっています。みんなでれいはいする時《とき》のおいのり、ぎょうじのおいのり、そしてお家《うち》にいる時《とき》のおいのりもあります。目《め》をさました時《とき》は、かみさまに「おはよう」とあいさつしましょう。夜《よる》ねる時《とき》は、「おやすみなさい」とかみさまにおいのりします。いつでも、どこでも、どんなことでも、かみさまにお話《はな》ししましょう。それが、おいのりです。

この本《ほん》は、どこから読《よ》んでくださってもけっこうです。ぜんぶをいっぺんに読《よ》むひつようは、ありません。ゆっくり、まずひとつだけ、おいのりのことばを声《こえ》に出《だ》してみてください。そうしたら、それはもうおいのりです。

かみさまはいつだって、わたしたちのいのりを聞《き》いていてくださいます。それが、イエスさまのしてくださったやくそくです。

みなさんが、かみさまとたくさんお話《はな》しできるようになったら、とてもうれしいです。さあ、いっしょにおいのりをはじめましょう！

もくじ

れいはいのいのり

ぎょうじのいのり

まいにちのいのり

かみさまに おいのり しよう

あさ　めがさめたら「おはよう」って
かみさまに　いおう
そしたら　もう　それは　おいのり

ふっかつの　あさ
イエスさまが　いわれたように
「おはよう」って　かみさまに　いおう
そしたら　それは　もう　おいのり

きこえないかな　イエスさまの　こえが
「いっしょにいるよ」って　いう　イエスさまの　こえが

イエスさまは いつも おいのりした

イエスさまは朝早《あさはや》くおきて、人《ひと》のいないところに出《で》ていって、ひとりでおいのりしました。「アバ（おとうさん）」と言《い》って、イエスさまはかみさまのお名前《なまえ》をよびました。おいのりがおわると、イエスさまはもどってきて、どんなにかみさまが、みんなを大切《たいせつ》に思《おも》っていてくださるかを話《はな》しました。

イエスさまがいのってパンを分《わ》けると、おなかも心《こころ》もいっぱいになって、みんなは、えがおになりました。イエスさまが手《て》をおいていのると、びょうきの人《ひと》は元気《げんき》になり、歩《ある》けなかった人《ひと》は立《た》ちあがりました。

イエスさまは、いつでもいのりました。だから、わたしたちもおいのりします。

わたしも おいのりしたい

イエスさまがおいのりしているのを見《み》て、おでしさんは自分《じぶん》もおいのりしたくなりまし

た。そこで、イエスさまにおねがいしました。「わたしたちにも、いのりを教《おし》えてくださ
い」。そのとき、イエスさまが教《おし》えてくださったのが「主《しゅ》のいのり」です。今《いま》では、せか
い中《じゅう》の人《ひと》たちが「主《しゅ》のいのり」を知《し》っています。
はじめのことばは、「天《てん》にましますわれらの父《ちち》よ」です。かみさまにむかって、よびか
けるのです。どうやっておいのりしようなんて考《かんが》えこまなくてもだいじょうぶです。こと
ばをひとつも知《し》らなくても、赤《あか》ちゃんはちゃんとかみさまをよんでいます。「アーン、ア
ーン、かみさま、かみさま」、心《こころ》とからだのぜんぶでかみさまをよんでいます。だから、
あんしんして、わたしたちもおいのりをはじめましょう。

主《しゅ》よ、お話《はな》しください

「主《しゅ》のいのり」の前半分《まえはんぶん》は、かみさまをほめたたえるいのりです。かみさまはすばらしい方《かた》、
かみさまの国《くに》がきますように、かみさまの心《こころ》がなりますようにと、わたしたちはいのります。
ですから、おいのりする時《とき》に大切《たいせつ》なのは、かみさまのお考《かんが》えに耳《みみ》をすますことです。小《ちい》さ

な子《こ》どものサムエルさんは、かみさまにいのりました。「主《しゅ》よ、お話《はな》しください。しもべは聞《き》いております」。おいのりするとき、まずかみさまの心《こころ》に耳《みみ》をすましましょう。

わたしたちの いのり

「主《しゅ》のいのり」の後《うし》ろ半分《はんぶん》は、わたしたちみんなのいのりです。かみさま、今日《きょう》、ひつようなものをあたえてください。食《た》べもののない人《ひと》がひとりもありませんように。わたしたちのつみをゆるしてください。あらそいをなくし、へいわなせかいにしてください。かみさまのお心《こころ》のとおりになりますように。わたしたちを、そのためにはたらく人《ひと》にしてください。

かみさまがつくってくださった地《ち》きゅうと、たくさんの生《い》きもの、そして、わたし。どのひとつも、どのひとりも、かけがえのないたからものです。いのるとき、わたしたちはかみさまによって、ひとつにむすばれます。おいのりのおわりに、心《こころ》を合《あ》わせて「アーメン」と言《い》いましょう。

この本《ほん》のつかいかた

教会《きょうかい》やほいく園《えん》、ようち園《えん》、こども園《えん》、いろいろなしせつ、学校《がっこう》、お家《うち》など、どんな場《ば》しょでも、いつでも、いのれるようにとねがって、この本《ほん》を作《つく》りました。「れいはいのいのり」、「ぎょうじのいのり」、「まいにちのいのり」の三《みっ》つから、できています。

さいしょは「れいはいのいのり」です。教会《きょうかい》の一年間《いちねんかん》のカレンダーにしたがって、アドベント（待降節《たいこうせつ》）、クリスマス（降誕日《こうたんび》）、レント（四旬節《しじゅんせつ》）、イースター（復活日《ふっかつび》）、ペンテコステ（聖霊降臨日《せいれいこうりんび》）などの、いのりがあります。かみさまに「ゆるしてください」とおねがいするいのり、けんきんのいのり、そして、クリスマスやイースターなどのリタニーもあります。リタニーの「★」と「☆」は、何人《なんにん》かにわかれたグループで、こうたいでいのってもよいですし、おとなと子《こ》どもにわかれて、いのることもできます。「★☆」は、みんなでいっしょにいのってください。

ひとつのページには、ふたつのいのりがあります。上《うえ》のだんは、小《ちい》さなみなさん、下《した》のだんは、すこし大《おお》きいみなさん（七《しち》〜八《はっ》さい）のいのりです。子《こ》どもたちといっしょにれいはいをまもる、おとなの人《ひと》たちも、このいのりをつかうことができます。もちろん、ふさわしいことばに、おきかえてくださってけっこうです。

つぎにあるのが、「ぎょうじのいのり」です。「れいはいのいのり」と同《おな》じように、それぞれふたつのいのりと、リタニーがあります。〇〇〇となっているところには、そのぎょうじに合《あ》ったことばを入《い》れてください。

さいごは、「まいにちのいのり」です。おいのりは、れいはいの時《とき》だけではありません。いつだって、どこだって、わたしたちはいのることができます。そうした時《とき》のおいのりの見本《みほん》になるものを、のせています。ピッタリあてはまらない時《とき》は、この本《ほん》のいのりをさんこうに、自分《じぶん》のいのりを作《つく》ってみましょう。カバーのうらに、みなさんのいのりを書《か》くことができるところがあります。

れいはいのいのり

アドベント①

かみさま、
いっぽんめの ろうそくに、
あかりが ともりました。
むかし、ユダヤの ひとたちは、
すくいぬしの おうまれを、
ずっと まっていました。
わたしたちの ために、
イエスさまが おうまれに なります。
みんなで、イエスさまの おうまれを
たのしみに まつことが
できますように。
アーメン。

神《かみ》さま、
むかし、ユダヤの人《ひと》たちは、
すくいぬしのお生《う》まれを
ずっとまちました。
どれほど長《なが》い時間《じかん》だったことでしょう。
でも、すくいぬしをあたえてくださる
というやくそくを、
神《かみ》さまはまもってくださいました。
わたしたちも、そのやくそくが
本当《ほんとう》になることをしんじます。
アーメン。

アドベント②

かみさま、
にほんめの ろうそくに、
あかりが ともりました。
イエスさまが おうまれに なることを、
かぞくや おともだちに
つたえることが できますように。
イエスさまが おうまれになる
うれしいしらせが
みんなに、 とどきますように。
アーメン。

神《かみ》さま、
このせかいには、
かなしいことや、 つらいことが
たくさんあります。
神《かみ》さまは、 かなしむ人《ひと》やくるしむ人《ひと》と
ともにいてくださるイエスさまを、
わたしたちにあたえてくださいました。
イエスさまのように、
わたしたちもみんなをあいし、
人《ひと》をゆるすことができますように。
アーメン。

アドベント③

かみさま、
さんぼんめの ろうそくに、
あかりが ともりました。
イエスさまは、 わたしたちの ために
うまれて くださいます。
とても うれしい きもちで
イエスさまを おむかえします。
イエスさまと、 いつも いっしょに
いることが できますように。
アーメン。

神《かみ》さま、
すくいぬしが生《う》まれるという
大《おお》きなよろこびを、
羊《ひつじ》かいたちは、天使《てんし》からききました。
イエスさまのお生《う》まれをしらせる
かがやく星《ほし》を見《み》て、
はかせたちは、よろこびにあふれました。
わたしたちも、よろこんでイエスさまを
おむかえします。
アーメン。

アドベント④

かみさま、
よんほんめの ろうそくに、
あかりが ともりました。
くらいなかで こそ、
ひかりは あかるく かがやきます。
イエスさまは、
わたしたちの ひかりです。
わたしたちが、
ひかりである イエスさまを、
いつも みていることが
できますように。
アーメン。

神《かみ》さま、
ここにあつまっているわたしたちを、
心《こころ》からあいしてくださり、
ありがとうございます。
神《かみ》さまは、
大《おお》きなあいのプレゼントとして、
イエスさまを、わたしたちのところに
おくってくださいました。
神《かみ》さまのあいは、きえることがなく、
かわることもありません。
わたしたちも、まわりのみんなを
大切《たいせつ》にすることができますように。
アーメン。

アドベントのリタニー①

★ てんしの しらせを きいて、

☆ **マリアは、よろこびで いっぱいに なりました。**

★ イエスさまが、うまれたことを しって、

☆ **はかせたちも、ひつじかいたちも、よろこびで いっぱいに なりました。**

★ イエスさまが うまれるという しらせは、

☆ **わたしたちを よろこびで いっぱいに します。**

★ イエスさまの おたんじょうは、

★☆ **わたしたちの よろこびです。アーメン。**

アドベントのリタニー②

★ かみさまは、わたしたちを あいしてくださり、

☆ **たったひとりのこである イエスさまを、あたえてくださいました。**

★ イエスさまは、わたしたちの すくいぬし、

☆ **みんなの すくいぬしです。**

★ かみさまは、わたしたちと ともに おられます。

★☆ **てんには えいこう、ちには へいわ！ アーメン。**

クリスマス①

かみさま、
イエスさまが おうまれに なりました。
わたしたちを
あいして くださる イエスさま、
おともだちに なって くれますか？
ひとりぼっちの ときも、
うれしくて たまらない ときも、
イエスさま、
いっしょに いてください。
イエスさまの おたんじょう、
よろこんで おいわいします。
アーメン。

神《かみ》さま、
今日《きょう》はクリスマス。
イエスさまが、お生《う》まれになりました。
うれしいときは、いっしょによろこび、
かなしいときは、いっしょにかなしみ、
つらいときは、「だいじょうぶだよ」と
おっしゃってくださる、イエスさま。
イエスさまがいてくださったら、
わたしたちは元気《げんき》になれます。
神《かみ》さま、イエスさまをくださって
ありがとうございます。
アーメン。

クリスマス②

かみさま、
クリスマスです。
ずっとまっていた イエスさまが、
わたしたちの ところに こられた
うれしい ひ。
わたしたちを あいして くださって
ありがとうございます。
これからも、
イエスさまと いっしょです。
かみさま、みまもっていて ください。
アーメン。

神《かみ》さま、
クリスマスは、神《かみ》さまからの
大《おお》きなプレゼント。
わたしたちのこころは、
よろこびでいっぱいです。
このよろこびが、
せかいのみんなにとどきますように。
あいするためにこられたイエスさま、
わたしたちも、
イエスさまのあとについてゆきます。
みんなと手《て》をつないで、
なかよくすることができますように。
アーメン。

クリスマスのリタニー①

★ かみさま、 きょうは クリスマスです。

☆ **イエスさまは、 こられました。**

★ かなしんでいる ひとの ところに、

☆ **イエスさまは、 こられました。**

★ ひとりで ないている ひとの ところに、

☆ **イエスさまは、 こられました。**

★ つかれて たおれている ひとの ところに、

☆ **イエスさまは、 こられました。**

★ すべての ひとに、 よろこびを とどけるために、

★☆ **イエスさまは、 わたしたちの ところに こられました。 アーメン。**

クリスマスのリタニー②

★ ひかりの イエスさま、

☆ わたしたちの こころを、 あかるく てらしてください。

★ きぼうの イエスさま、

☆ わたしたちに、 よろこびを ください。

★ へいわの イエスさま、

☆ やさしい こころを、 あたえてください。

★ あいの イエスさま、

☆ どんなときも そばに いてください。

★ クリスマス、

☆ かみさまからの プレゼント！

★☆ かみさま、 イエスさまを ありがとう。 アーメン。

こうげんび（公現日）

かみさま、
きょうは「こうげんび」です。
ひがしのくにから、はかせたちが
イエスさまに、おあい するため
やってきました。

わたしたちも、イエスさまに
あいさつします。
おめでとう、イエスさま！
ありがとう、イエスさま！
アーメン。

神《かみ》さま、
今日《きょう》は、東《ひがし》の国《くに》のはかせたちが、
イエスさまにお会《あ》いした日《ひ》です。
はかせたちは、
イエスさまにたからものをささげ、
自分《じぶん》の国《くに》に帰《かえ》っていきました。
神《かみ》さま、はかせたちは、
それから、どんなふうにすごしたのですか。
イエスさまに会《あ》ったことを、
おぼえていましたか。
（すこしのあいだ　だまって）
神《かみ》さま、わたしたちも
イエスさまのおうまれをおいわいします。
イエスさまをわすれない一年《いちねん》に
してください。
アーメン。

はいのすいようび（灰の水曜日）

かみさま、
きょうから レント（しじゅんせつ）が
はじまります。
じゅうじかに かけられた
イエスさまの ことを、
おもいながら すごします。
かみさまに よろこんで いただける
じぶんか どうかを、 かんがえます。
きょうからの まいにち、
かみさまの ことを わすれないで
いられますように。
アーメン。

神《かみ》さま、
レント（しじゅんせつ）をむかえました。
イエスさまの、
じゅうじかとふっかつの前《まえ》の四十日間《よんじゅうにちかん》、
イエスさまのことを思《おも》います。
「神《かみ》さまの思《おも》いが、なりますように」と、
わたしたちはいつもおいのりします。
でも、わたしたちは、神《かみ》さまによろこんで
いただくことができているでしょうか。
神《かみ》さまをかなしませ、イエスさまを、
今《いま》もまたじゅうじかにつけてしまうような
わたしたちです。
イエスさまのじゅうじかを思《おも》いながら、
すごすことができるように、
ささえてください。
アーメン。

しゅろのしゅじつ（棕梠の主日）

かみさま、
きょう、イエスさまは
エルサレムの みやこに はいられます。
みんなが「ホサナ・ホサナ」と
いって、えだや はっぱを ふりながら、
よろこんで おむかえします。
わたしたちも、
こころからの よろこびを もって、
イエスさまを おむかえします。
これから はじまる いっしゅうかん、
イエスさまを おもう、
まいにちに してください。
アーメン。

神《かみ》さま、
わたしたちは今《いま》、
エルサレムのみやこへ入《はい》られる
イエスさまのことを思《おも》いうかべます。
みんな、えだや葉《は》をふって、
自分《じぶん》の服《ふく》を道《みち》にしいて、
よろこんで、イエスさまをおむかえしました。
「ホサナ」は、しゅよ、すくってください！
というさけびです。
イエスさまこそが、
わたしたちをすくってくださることを
思《おも》いながら、
この一週間《いっしゅうかん》をすごすことが
できますように。
アーメン。

せんぞくもくようび（洗足木曜日）

かみさま、
イエスさまは、
おでしさんたちの あしを
あらって くださいました。
ひざを ついて、 わたしたちの
あしを あらって くださる
イエスさまが、 めに うかんで できます。
わたしたちも、 イエスさまが
して くださった ことが
できますように。
アーメン。

神《かみ》さま、
わたしたちは、ひざをついて、
お弟子《でし》さんたちの足《あし》をあらってくださる、
イエスさまを思《おも》いだしています。
大《おお》きなあいで、わたしたちを
大切《たいせつ》にしてくださるイエスさま、
ありがとうございます。
「みんなも、おたがいの足《あし》をあらい
あいなさい」と、
イエスさまは、おしえてくださいました。
イエスさまのおことばと、
イエスさまがしてくださったことを、
いつも、おぼえていることができますように。
アーメン。

じゅなんび（受難日）

かみさま、
イエスさまは わたしたちの ために、
じゅうじかに かけられました。
てと あしに うちこまれた くぎと、
あたまに かぶせられた、
とげだらけの いばらの かんむりの
いたさを おもいます。
イエスさまが うけた いたさを
かんじられる、
わたしに してください。
アーメン。

神《かみ》さま、
イエスさまのじゅうじかはわたしのため、
という、せいしょのことばを思《おも》いだします。
「かれらは、何《なに》をしているのか
わからないのです」
という、イエスさまのいのりは、
わたしのためのおいのりです。
イエスさまのじゅうじかを見《み》つめるなかで
神《かみ》さまをかなしませてしまった、
自分《じぶん》のことばやおこないに
気《き》づくことができますように。
アーメン。

レントのリタニー

★ わたしたちの ために

☆ **じゅうじかに かけられた イエスさま、**

★ レント（しじゅんせつ）の よんじゅうにちかん

☆ **イエスさまの じゅうじかを わすれません。**

★ イエスさまの じゅうじかから、 ふりかえります。

☆ **じぶんが どのように すごしているかを、 ふりかえります。**

★ かみさまが よろこばれることを、 かんがえます。

☆ **かみさまが よろこばれることが できるよう、 みんなで おいのりします。**

★ イエスさまが ふっかつされる ときを、 まっています。

☆ **こころを かみさまに むけて、 まっています。**

★☆ **アーメン！**

イースター①

かみさま、
じゅうじかに かけられた
イエスさまは、
みっかめに ふっかつ されました。
イエスさまは いきて おられます。
かなしい きもちで、
おはかに いった マリアさんたちや、
こわくて ふるえていた、
おでしさんたちは、
イエスさまに あえて
どんなに よろこんだ ことでしょう。
イエスさま、どうか わたしたちとも
いっしょに いてください。
アーメン。

神《かみ》さま、
今日《きょう》、イエスさまは、おはかのなかから
ふっかつされました。
その日《ひ》から、おはかは
「イエスさまは、生《い》きておられる！」
というよろこびを、
しらせるところになりました。
せかいのどこへ行《い》っても、
神《かみ》さまはそこにいてくださいます。
だから今日《きょう》、せかいじゅうの人《ひと》たちと
イースターをおいわいします。
神《かみ》さま、本当《ほんとう》にありがとうございます！
アーメン。

イースター②

かみさま、
きょうは イースターです。
イエスさまは、
わたしたちの ために じゅうじかに
おかかりに なりました。
イエスさまは、 みっかめに
ふっかつ されました。
かみさま、 ありがとうございます！
イエスさまと いっしょに
あるいて いけますように。
アーメン。

神《かみ》さま、
イースターのよろこびといっしょに
スタートできること、
ありがとうございます。
二千年前《にせんねんまえ》、「もうおわり！」と
思《おも》ったところから、お弟子《でし》さんたちは、
新《あたら》しく歩《ある》きはじめました。
わたしたちが「もうだめだ！」と思《おも》っても、
神《かみ》さまは「だいじょうぶだよ！」と
言《い》われます。
ふっかつされ、お弟子《でし》さんたちと
いっしょに歩《ある》いてくださったイエスさま、
いつもわたしたちといっしょに
歩《ある》いてください！
アーメン。

イースターのリタニー①

★ こころが まっくらに なったところに

☆ **イエスさまは、もどってきてくださった。**

★ こわくて ふるえていた、おでしさんたちの ところに

☆ **イエスさまは、もどってきてくださった。**

★ かなしくて ないていた、わたしたちの ところに

☆ **イエスさまは、もどってきてくださった。**

★ よろこびの あいさつを しましょう

☆ **イースター、おめでとう。**

★ イエスさまは、よみがえられた！

☆ **ハレルヤ！**

★☆ **イエスさまは、ほんとうに よみがえられた！　ハレルヤ!!**

イースターのリタニー②

★　イースター、おめでとう！

☆　**イースター、おめでとう！**

★　イースターって、なあに？

☆　**イエスさまが、よみがえられたひ。**

★　イエスさまって、だあれ？

☆　**わたしたちのすくいぬし**

★　すくいぬしは　どこから？

☆　**だれもはいりたくない、おはかのなかから。**

★　イースター、おめでとう！

★☆　**イースターをありがとう！**

しょうてんび（昇天日）

てんに おられる かみさま、
てんの くにって、
どんな ところですか。
たかい そらを みあげて、
かんがえます。
てんに のぼった イエスさまは、
きっと、 かみさまと いっしょに、
たのしく おはなし しているのですね。
わたしも おいのり していると、
てんに いるような きがします。
アーメン。

神《かみ》さま、
今日《きょう》は、 イエスさまが
天《てん》にのぼられた、 きねん日《び》です。
ふっかつされたイエスさまは、
お弟子《でし》さんたちと四十日《よんじゅうにち》のあいだ
いっしょにすごされたあと、
神《かみ》さまのところに帰《かえ》られました。
天《てん》にのぼられたイエスさまが、
いつもわたしたちを見《み》ていてくださるので、
わたしたちは安心《あんしん》です。
神《かみ》さま、 せかいのみんなを
おまもりください。
アーメン。

ペンテコステ

かみさま、
きょうは ペンテコステです。
「ふしぎな かぜが びゅうっと ふいて、
おでしさんたちが いろんな くにの
ことばで はなしだした」って
かいてあるけど、 なにが おこった
のですか？　せんせいが 「きょうは
きょうかいの おたんじょうびです」
といいました。 どうしてですか？
それが わかったら、
ペンテコステも わかりますか？
そうなれるように おいのりします。
アーメン。

神《かみ》さま、
今日《きょう》は、ペンテコステのれいはいを
みんなでささげています。
この日《ひ》、神《かみ》さまはおやくそくのとおり、
お弟子《でし》さんたちにせいれいを
あたえてくださいました。
そのとき、お弟子《でし》さんたちは、
いろんな国《くに》のことばで話《はな》しはじめました。
せいれいによってこころを広《ひろ》くされ、
せかいのみんなに
イエスさまのことをつたえました。
わたしたちの教会《きょうかい》ができたのも、
せいれいの力《ちから》です。
このすばらしい日《ひ》を、
せかいのみんなと
いっしょにおいわいします。アーメン。

ペンテコステのリタニー

★ めには みえなくても、いつも いっしょに いてくださる

☆ **わたしたちの かみさま、**

★ ペンテコステの ひ、はげしい かぜと、ほのおのような したが あらわれて、

☆ **おでしさんたちは、おどろきました。**

★ きいたことも ない ことばが、くちから でてきて、

☆ **おでしさんたちも、わたしたちも おどろきました。**

★ めに みえない せいれいの ちからで、

☆ **せかいの みんなが、ひとつに なりました。**

★ きょうは、かみさまの あいに よって、きょうかいが うまれた、たんじょうび。

★☆ **かみさまが いつも いてくださる（○○○きょうかい／○○○えん）を、ありがとうございます。アーメン。**

さんみいったいしゅじつ（三位一体主日）

てんの かみさま、
あなたは せかいを つくられた。
かみの みこの イエスさま、
わたしたちは、
イエスさまの おなまえで いのります。
せいれいなる かみさま、
かぜのように ふいてください。
ちち・こ・せいれいの かみさまに、
おいのりします。
アーメン。

神《かみ》さま、
神《かみ》さまのめぐみは、
せかいじゅうにいっぱいです。
月《つき》、星《ほし》、たいよう、空《そら》の鳥《とり》、
海《うみ》の魚《さかな》、森《もり》にいる生《い》き物《もの》たち。
神《かみ》さまのめぐみは、数《かぞ》えきれません。
神《かみ》さまはこのせかいに、
イエスさまをおくってくださいました。
イエスさまは、
わたしたちのすくいぬしです。
せいれいの風《かぜ》よ、ふいてください。
わたしたちを、天《てん》の神《かみ》さまのところに
つれていってください。
父《ちち》・子《こ》・せいれいなる神《かみ》さまにつつまれて
今《いま》、わたしたちはいのります。
アーメン。

つみをゆるしてください

かみさま、
かみさまは わたしたちの ことを
とても たいせつに してくださいます。
でも、わたしたちは、
かみさまの ことを
わすれることが おおくありました。
かみさまなんか いらない、と
おもったことも ありました。
イエスさま、わたしたちが
かみさまを はなれることが ないよう、
どうか たすけてください。
アーメン。

神《かみ》さま、
どうしてわたしたちは、
自分《じぶん》が「いやだ」「だめだ」と
思《おも》っていることを
してしまうのでしょう。
どうして、自分《じぶん》はこんなことをしてしまう
のかな、と思《おも》うこともあります。
神《かみ》さま、おねがいします。
こんなわたしたちを、たすけてください。
自分《じぶん》ではどうにもできません。
神《かみ》さまがたすけてくださることを
しんじます。
アーメン。

けんきん（献金）

かみさま、
かみさまは、わたしたちに
たくさんの ものを くださいます。
たべるもの、きるもの、かぞく、
おともだち、みずや たいよう、
おはなを ありがとうございます。
ありがとうの こころで、
けんきんを ささげます。
いただいたものを わけあって、
せかいの みんなと なかよく
することが できますように。
アーメン。

神《かみ》さま、
わたしたちを大切《たいせつ》にしてくださり、
ありがとうございます。
かんしゃの気《き》もちをこめて、
けん金《きん》をささげます。
ひとりひとりを大切《たいせつ》にしあう
せかいをつくるために、つかってください。
わたしたちもよろこんで
かみさまのお手《て》つだいをします。
どのようなことができるか、
おしえてください。
アーメン。

主《しゅ》のいのり

天《てん》にまします われらの父《ちち》よ。

ねがわくは

み名《な》を あがめさせたまえ。

み国《くに》を 来《きた》らせたまえ。

みこころの 天《てん》に なるごとく、

地《ち》にも なさせたまえ。

われらの 日用《にちよう》の かてを

今日《きょう》も あたえたまえ。

われらに つみを おかすものを

われらが ゆるすごとく、

われらの つみをも ゆるしたまえ。

われらを こころみに あわせず、

あくより すくいいだしたまえ。

国《くに》と 力《ちから》と さかえとは、

かぎりなく なんじのもの なればなり。

アーメン。

ぎょうじのいのり

にゅうえんしき（入園式）

かみさま、
きょうから（〇〇〇えんに）、
あたらしい おともだちが
きてくれました。
これからは、いつも いっしょです。
みんな、たいせつな おともだちです。
げんきに あそんで、
なかよく なれますように。
けんかを したときには、
はやく なかなおり できますように。
みんなで おいしく ごはんを
たべられますように。
アーメン。

神《かみ》さま、
今日《きょう》は入園式《にゅうえんしき》です。
新《あたら》しいお友《とも》だちが、くわわります。
ありがとうございます。
〇〇〇さん、〇〇〇くんと
いっしょにすごせることを、
みんなでたのしみにまっていました。
はじめてのお友《とも》だちは、しらないことが
いっぱいで、ふあんになるかもしれません。
さびしくなるかもしれません。
大《おお》きいお友《とも》だちや先生《せんせい》たちが、
新《あたら》しいお友《とも》だちをたすけることが
できますように。
新《あたら》しいまいにちが、はじまります。
神《かみ》さま、わたしたちをおまもりください。
アーメン。

にゅうえんしき（入園式）のリタニー

★　かみさま、あたらしい　おともだちが　きてくれました。

★☆　**かみさま、ありがとうございます。**

★　おともだちや、せんせいと

☆　**げんきに、すごせますように。**

★　よろこぶ　おともだちと

☆　**いっしょに、よろこぶことが　できますように。**

★　かなしむ　おともだちと

☆　**いっしょに、かなしむことが　できますように。**

★　きょうから　はじまる、あたらしい　まいにちを、

★☆　**かみさま、しゅくふくしてください。アーメン。**

ははのひ（母の日）

かみさま、
きょうは「ははのひ」、
おかあさんの ことを
おいのりします。
おかあさんに、つたえてください。
「おかあさん、
わたしを うんでくれて ありがとう。
わたしは、おかあさんの ことが、
すきです」
かみさま、おかあさんを
おまもりください。
アーメン。

神《かみ》さま、
みんなにお母《かあ》さんをくださったこと、
ありがとうございます。
お母《かあ》さんを、いつもおまもりください。
そして、お母《かあ》さんだけではなく、
お父《とう》さん、おじいさん、おばあさん。
わたしたちのしらない、たくさんの人《ひと》たち。
おいしい食《た》べもの、水《みず》と空気《くうき》、
うつくしいせかい。
ぜんぶをくださった神《かみ》さま、
ありがとうございます。
アーメン。

ははのひ（母の日）のリタニー

★　かみさまを、さんびしよう。

☆　**かみさまは、わたしたちに、おかあさんをくださった。**

★　わらっている、おかあさん、

☆　**わたしも、うれしくなる。**

★　ないている、おかあさん、

☆　**どうしたの、おかあさん。**

★　やさしい、おかあさん、

☆　**おかあさん、だいすき！**

★　おっかない、おかあさん、

☆　**それでもやっぱり、おかあさん。**

★☆　**おかあさん、ありがとう。かみさま、ありがとう。アーメン。**

こどものひ・はなのひ（子どもの日・花の日）

かみさま、
きょうは、はなの ひです。
たくさんの おはなに、
かこまれて います。
いろんな いろの おはなが、
さいています。いいにおいも します。
かみさまは、
どんないろの おはなが すきですか？
かみさまなら、きっと
「ぜんぶ！」って いうのかなぁ。
そうだったら、うれしいです。
アーメン。

神《かみ》さま、
今日《きょう》は、「子《こ》どもの日《ひ》・花《はな》の日《ひ》」です。
神《かみ》さま、わたしたちはみんな
神《かみ》さまのこども、神《かみ》さまのかぞくです。
ありがとうございます。
元気《げんき》に、大《おお》きくなれますように、
どうぞ、おまもりください。
わたしも、お友《とも》だちも、
みんな、神《かみ》さまにとっては、
きれいなお花《はな》かなあ。
みんなひとりひとりが
大切《たいせつ》にされますように。
アーメン。

こどものひ・はなのひ（子どもの日・花の日）のリタニー

★ きれいな おはなが、 ならんで います。

☆ **きょうは、 はなのひ・こどものひ。**

★ かみさまの こども、 みんなが あつまって います。

☆ **きょうは、 はなのひ・こどものひ。**

★ かみさまの しゅくふくに よって、

☆ **げんきに すごすことが、 できますように。**

★ この、 いろとりどりの おはなの ように、

☆ **いきいきと すごすことが、 できますように。**

★ イエスさまが たいせつに してくださる、 わたしたちに、

★☆ **かみさまの、 いのちの みずを、 そそいでください。 アーメン。**

えんそく（遠足）

かみさま、
きょうは まちに まった、
えんそくの ひです。
みんな、げんきで けがを しないで、
たのしく あそんで こられますように。
かみさま、いっしょに いてください。
いろいろな ところを、
たくさん みて こられますように。
きょうかい（えん）で まっている
おともだちや、
いえで まっている かぞくが います。
かみさま、 みんなを
まもってください。
アーメン。

神《かみ》さま、
今《いま》から、お友《とも》だちといっしょに、
遠足《えんそく》へ（〇〇〇へ）行《い》ってきます。
いつもとはちがう場所《ばしょ》で、
動物《どうぶつ》やしぜんにふれたり、
みんなでたのしいことができますように。
教会《きょうかい》（園《えん》）でまっているお友《とも》だちも、
おうちでまっている人《ひと》のことも、
神《かみ》さま、まもっていてください。
遠足《えんそく》に行《い》くときから帰《かえ》ってくるときまで、
神《かみ》さま、わたしたちといっしょに
いてください。
アーメン。

えんそく（遠足）のリタニー

★ かみさま、わたしたちは いまから えんそくに いきます。

☆ **とっても、わくわくしています。**

★ ○○○に いくことや、みんなで おべんとうを たべることが、

☆ **とっても、たのしみです。**

★ いつもとは、ちがうところに いっても、

☆ **かみさま、みんなのことや、おうちや きょうかい（えん）で まっている ひとを、まもっていてください。**

★ えんそくの さいしょから さいごまで、

☆ **かみさま、みまもっていてください。**

★☆ **かみさまの おまもりを、こころから おねがいします。アーメン。**

なつのキャンプ

かみさま、
キャンプに きました。
おともだちと いっしょに
ごはんを たべて あそびます。
ワクワク、ドキドキです。
よるは、おうちのひとと はなれて
おとまりします。
ちょっとだけ こわいです。
かみさま、いっしょに いてください。
アーメン。

神《かみ》さま、
みんなでたのしみにしていた、
キャンプです。
おうちをはなれて、お友《とも》だちとすごします。
神《かみ》さまがつくられたしぜんのなかで
山《やま》や木《き》、どうぶつや魚《さかな》と、出会《であ》えますように。
神《かみ》さまは、わたしたちを
あいしてくださいます。
からだとこころで、神《かみ》さまのあいを
うけとることができますように。
キャンプがおわるまで、
神《かみ》さま、ともにいてください。
アーメン。

なつのキャンプのリタニー

★ かみさま、キャンプに きました。
☆ **かみさまは、うつくしい しぜんを つくられました。**
★ やまや、かわや、うみを
☆ **かみさま、ありがとうございます。**
★ たいようを、かぜを、あめを
☆ **かみさま、ありがとうございます。**
★ はっぱや、むしたちも
☆ **かみさま、ありがとうございます。**
★ かみさまは、おともだちを くださいました
☆ **みんないっしょに、しぜんの なかで あそびます。**
★☆ **かみさまも、いっしょに いてください。アーメン。**

うんどうかい（運動会）

かみさま、
きょうは、うんどうかいです。
みんな、げんき いっぱいに
すごせますように。
わくわくすることも、
ドキドキすることも、
たのしむことが、できますように。
がんばる おともだちを、
たくさん おうえんします。
きょういちにち、うれしいことや
たのしいことが いっぱい
ありますように。
アーメン。

神《かみ》さま、
いよいよ、うんどう会《かい》の日《ひ》になりました。
今日《きょう》のために、
たくさんれんしゅうしました。
やりたくないことも、
がんばってやってみました。
みんなが、このうんどう会《かい》を
たのしむことができますように。
神《かみ》さま、まもっていてください。
アーメン。

うんどうかい（運動会）のリタニー

★ かみさま、

☆ **すてきな うんどうかいを、ありがとうございます。**

★ かけっこで、はやくはしれる おともだちが います。

☆ **おおきな こえで、みんなを おうえんできる、おともだちが います。**

★ ダンスを たのしくおどれる おともだちが います。

☆ **ちょっとにがてなことにも、チャレンジする おともだちが います。**

★ かみさまが くださった、このひとときを、

☆ **みんなで、たのしむことが できますように。**

★☆ **きょういちにち、みんなが げんきに すごせますように。アーメン。**

せいとのひ（聖徒の日）＊

てんの かみさま、
こころを しずかに、おいのりします。
すると おもいだします。
かみさまの ところに かえった
○○○さんの、えがお。
なつかしい ○○○さんの、こえ。
おいのりするときは、
いつでも みんなは、いっしょです。
イエスさまが、いっしょです。
かみさま、おまもりくださり
ありがとう。
アーメン。

神《かみ》さま、
今日《きょう》わたしたちは、なくなった人《ひと》たちを
思《おも》いだしながら、れいはいをしています。
今年《ことし》、神《かみ》さまのところに帰《かえ》られた、
○○○さんと、いっしょにいてください。
大切《たいせつ》な人《ひと》をなくして
かなしんでいる人《ひと》たちを、
元気《げんき》にしてください。
生《い》きているときも、死《し》ぬときも、
イエスさまは、わたしたちと
いつもいっしょです。
イエスさまがいつもいてくださることを、
しんじることができますように。
アーメン。

＊なくなった方々《かたがた》のことをおもって、れいはいをささげる日《ひ》。
「永眠者記念日《えいみんしゃきねんび》」「召天者記念日《しょうてんしゃきねんび》」などとも、いわれます。

せいとのひ（聖徒の日）のリタニー

★ かみさまは、いのちを くださった。

☆ **かみさま、いのちを ありがとう。**

★ いつか わたしたちは、かみさまの ところに、かえって いきます。

☆ **どうぞ、かみさま、おまもりください。**

★ なくなった ひとも、いま、ここに いる わたしたちも

☆ **かみさまに まもられて、ひとつです。**

★ こえを あわせて、さんびしましょう。

★☆ **かみさま、あなたこそ、わたしたちの いのちです。アーメン。**

こどもしゅくふく（子ども祝福）

かみさま、
わたしたちを
かみさまの こどもにして、
いつも たいせつに してくださり、
ありがとうございます。
その うれしい きもちが
ずっと つづきますように。
わたしたちを
しゅくふく してください。
アーメン。

神《かみ》さま、
〇〇〇さん（くん）と、
いっしょにいられることをかんしゃします。
これからも、神《かみ》さまのこどもとして、
すごすことができますように。
イエスさまは
「子《こ》どもたちをわたしのところに
来《こ》させなさい。じゃまをしてはいけない」
と言《い》われました。
イエスさま、
わたしたちを大切《たいせつ》にしてくださり、
ありがとうございます。
神《かみ》さま、みんなに手《て》をおいて、
しゅくふくしてください。
アーメン。

こどもしゅくふく（子ども祝福）のリタニー

★ ここにいる みんなが、かみさまからの おくりもの。

☆ **わたしたちを、しゅくふく してください。**

★ きょうかいの たからものである、

☆ **こどもたちを、しゅくふく してください。**

★ かみさまは、みんなに いのちを くださった。

☆ **すべての いのちを、しゅくふく してください。**

★ どのこも みんな かみさまの こども。

☆ **みんなを、しゅくふく してください。**

★☆ **せかいの みんなが、かみさまの しゅくふくを いただけますように！ アーメン。**

しゅうかくかんしゃび（収穫感謝日）

かみさま、
いろいろな おやさいや、
くだものが できました。
ぜんぶの ものを、
かみさまに かんしゃします。
たくさんの ひとたちの おかげで
おいしい たべものが、たべられます。
たべものの すべてを、
かんしゃして、おいしく たべることが
できますように。
アーメン。

神《かみ》さま、
畑《はたけ》や田《た》んぼで、たくさんのものが
できました。
お米《こめ》やおやさい、くだものができました。
たいようの光《ひかり》をくださり、雨《あめ》をふらせて、
すべてをそだててくださった神《かみ》さま、
ありがとうございます。
神《かみ》さまがくださった食《た》べものを、
かんしゃしながら、
みんなとわけあうことができますように。
アーメン。

しゅうかくかんしゃび（収穫感謝日）のリタニー

＊『こどもさんびか改訂版』102番（川上盾作詞・作曲）をもとに

★ すべてを つくられる、かみさま、

☆ **おこめや おやさいを、ありがとうございます。**

★ ひかりも、あめも、かみさまが くださったものです。

☆ **くだものや きのみを、ありがとうございます。**

★ さくもつを、きょうまで おせわしてくれた ひとたち、

☆ **たいせつに そだててくださり、ありがとうございます。**

★ かみさまが くださった、プレゼントを

☆ **みんなで わけあうことが できますように。**

★☆ **かみさま、ほんとうに ありがとう！ アーメン。**

がんたん（元旦）

かみさま、
あたらしい としを、
ありがとうございます。
せかいの みんなが、
かみさまに あいされて、
よろこびで いっぱいに、
なりますように。
じぶんの ことも、 みんなの ことも
たいせつに できますように。
かみさま、 いちねんかん
わたしを おうえんして ください。
アーメン。

神《かみ》さま、
新《あたら》しい年《とし》が、 はじまります。
こころも新《あたら》しくなります。
どんな年《とし》になるでしょうか。
毎日《まいにち》、 神《かみ》さまのほうをむいて
耳《みみ》をすまし、 こころをひらいて
生《い》きることが、 できますように。
わたしたちが、
うれしいときも、 かなしいときも、
神《かみ》さま、 いつもいっしょにいてください。
神《かみ》さまのこどもとして、
いただいたいのちを、 大切《たいせつ》にします。
アーメン。

がんたん（元旦）のリタニー

★ かみさま、いちねんの さいしょの ひに

☆ **かみさまを、さんびします。**

★ わたしたちが、あるいていく みちを

☆ **かみさま、てらしてください。**

★ みんなが、えがおで すごせるよう、

☆ **かみさま、たすけてください。**

★ みんなで たすけあって、ひとりひとりを たいせつに できるよう

☆ **かみさま、まもってください。**

★ いちねんかん、かみさまと ともに あゆみます。

★☆ **かみさま、ことしも わたしたちと いっしょに いてください。アーメン。**

そつえんしき（卒園式）

かみさま、
○○○えんに くるのは、
きょうが さいごです。
たくさんの おともだちや せんせいに、
あえました。
いろんなことが できるように
なりました。
けんかをして、ないたときも
ありました。
かみさま、いつも まもってくださり、
ありがとうございました。
これからも、そして、○○○えんの
おともだちや、せんせいのことも、
おまもりください。アーメン。

神《かみ》さま、
（○○○園《えん》の／○○○組《ぐみ》の）わたしたちは、
そつ園《えん》します。
たくさんあそんで、いっしょに食《た》べて、
こんなに大《おお》きくなりました。
わたしたちをそだててくださった神《かみ》さま、
ありがとうございます。
みんなみんな、
ほんとうによいお友《とも》だちです。
いっしょにわらって、
いっしょにないた思《おも》い出《で》は、
大切《たいせつ》なたからものです。
これから小学校《しょうがっこう》に行《い》くと、新《あたら》しいお友《とも》だち、
新《あたら》しい先生《せんせい》、新《あたら》しいことがまっています。
わたしたちが歩《ある》いていく道《みち》を、
神《かみ》さま、いっしょに歩《ある》いてください。
アーメン。

そつえんしき（卒園式）のリタニー

★ かみさま、（○○○えんの／○○○ぐみの） おともだちが、いよいよ そつえんします。

☆ **かみさま、 わたしたちを まもってくださり、 ありがとうございます。**

★ みんなと すごしたまいにちは、 たいせつな たからものです。

☆ **かみさま、 わたしたちを そだててくださり、 ありがとうございます。**

★ 「はじめまして」 のとき、 そして 「さようなら」 のときが あります。

☆ **なくときが あり、 わらうときが あります。**

★ かみさま、 いま、 （○○○えんの／○○○ぐみの） おともだちは、 そつえんします。

☆ **かみさま、 どうか しゅくふく してください。**

★ かみさまの めぐみが、（○○○えんの／○○○ぐみの）おともだちと ともに、いつまでも。

☆ **かみさまの めぐみが、 みなさんと ともに、 いつまでも。**

★☆ **アーメン。**

そうりつきねんび（創立記念日）

かみさま、
わたしたちの
（○○○きょうかい／○○○えん）を
つくってくださって
ありがとうございます。
ともだちも、せんせいも、
そして、おにわも
ありがとうございます。
かみさま、だいすきな
（○○○きょうかい／○○○えん）を
これからも おまもりください。
アーメン。

神《かみ》さま、
今日《きょう》は、わたしたち
（○○○ 教会《きょうかい》／○○○園《えん》）の、
そうりつきねん日《び》です。
今《いま》から、○○○年前《ねんまえ》、
（○○○ 教会《きょうかい》／○○○園《えん》）は、
生《う》まれました。
たくさんのお友《とも》だちがここですごし、
たくさんの人《ひと》たちが、
ここを大切《たいせつ》にしてきました。
そして、すべてをまもってくださったのは、
神《かみ》さまです。
これからも（○○○ 教会《きょうかい》／○○○園《えん》）を
しゅくふくしてください。
アーメン。

そうりつきねんび（創立記念日）のリタニー

★ かみさまを、さんびしよう。

☆ **かみさまは、イエスさまをくださった。**

★ かみさまに、かんしゃしよう。

☆ **かみさまは、（〇〇〇きょうかい／〇〇〇えん）を、つくってくださった。**

★ このひを、みんなで よろこぼう。

☆ **きょうは、（〇〇〇きょうかい／〇〇〇えん）が、うまれたひ。**

★ わたしたちは、いのります。

★☆ **かみさまの よろこばれる（〇〇〇きょうかい／〇〇〇えん）にしてください。**

アーメン。

こんなおいのりも
あります

下《した》にあるような、みじかいことばを
となえることも、りっぱなおいのりです。

「かみさま……！　イエスさま……！！」

「イエスさま、たすけてください」

「かみさま、いっしょにいてください」

「イエスさま、わたしのところにきて！」

「ありがとう！　かみさま」

「かみさま、つらいよ……」

「イエスさま、わたしのイエスさま……」

「かみさま、だいすき！」

「ハレルヤ！」（「ハレルヤ」は、「主《しゅ》をさんびしよう」

といういみ）

「かみさま、ごめんなさい」

まいにちのいのり

あさ①

かみさま、
あさ いちばんに おいのりします。
きょうは、
どんなひに なるでしょうか。
たのしいことが ありますように。
うれしいことが ありますように。
もし、かなしいことが あっても
もし、いやなことが あっても
かみさま、いっしょに
いてください。
アーメン。

神《かみ》さま、
朝《あさ》が、きました。
どんな一日《いちにち》にしようか、かんがえます。
自分《じぶん》のことだけでなく、
みんなのことも大切《たいせつ》にできますように。
たすけてほしい！
と思《おも》っている人《ひと》がいたら、
お手《て》つだいします。
神《かみ》さま、見《み》ていてください。
夜《よる》、ねるときまで、おまもりください。
アーメン。

あさ②

かみさま、
おはようございます。
くらいよるが おわって、
あかるい あさが、 きました。
きょうも、 げんきで
すごせますように。
どうぞ おまもりください。
なにか よいことが できますように。
わたしたちを おうえんして
ください。
いちにちが、 うれしい きもちで
おわれるよう、
かみさま、 みまもって いてください。
アーメン。

神《かみ》さま、
新《あたら》しい朝《あさ》がきました。
あかるい光《ひかり》といっしょに、
「あなたをあいしているよ」と
神《かみ》さまの声《こえ》が聞《き》こえます。
今日《きょう》も一日《いちにち》、神《かみ》さまにあいされて、
やさしいこころですごせますように。
どうぞおまもりください。
アーメン。

ねるまえ①

かみさま、
わたしは きょう、
だれかが した わるいことを
ゆるしたでしょうか。
わたしは きょう、
じぶんの ものを
だれかに わけたでしょうか。
きょう いただいた、
たくさんの めぐみを、
あした、みんなと わけあうことが
できますように。
アーメン。

神《かみ》さま、
これから ねます。
一日《いちにち》のあいだ、いっしょにいてくださり
ありがとうございます。
今日《きょう》うれしかったこと、
神《かみ》さま、よろこんでください。
いやなことをがんばったこと、
神《かみ》さま、ほめてください。
たいへんなことがあっても、
いつもたすけてくださる神《かみ》さま、
あしたも、わたしをまもってください。
おやすみなさい。
アーメン。

ねるまえ②

かみさま、
きょう いちにち、
おまもりくださって
ありがとうございます。
かみさまは、どんなときも
いっしょに いてくださいました。
よる、ねむるときも、
かみさまは わたしと いっしょに
いてくださいます。
あしたも どうか、
わたしと いっしょに いてください。
アーメン。

神《かみ》さま、
あなたは休《やす》んだり、
ねむったりすることもなく、
みんなをまもってくださっています。
これからねます。
今日《きょう》という、この日《ひ》をくださって、
ありがとうございます。
今日《きょう》言《い》えなかった「ありがとう」を、
きっと明日《あした》は言《い》うことができますように。
今日《きょう》言《い》えなかった「ごめんなさい」を、
きっと明日《あした》は言《い》うことができますように。
明日《あした》が、
神《かみ》さまによろこんでいただける日《ひ》で
ありますように。
アーメン。

しょくじのまえ

かみさま、
これから
（あさの／おひるの／よるの）
ごはんを いただきます。
つくってくださった かた、
よういを してくださった かた、
ありがとうございます。
この たべもので、
からだと こころを、
げんきに してください。
いただきます。
アーメン。

神《かみ》さま、
今《いま》から
（あさの／おひるの／よるの）
おしょくじをいただきます。
お米《こめ》も、パンも、おやさいも、
たまごも、お肉《にく》も、お魚《さかな》も、
神《かみ》さまがくださった、大切《たいせつ》ないのちです。
いただくすべての食《た》べもので、
わたしたちの、からだとこころを
元気《げんき》にしてください。
かんしゃしていただきます。
アーメン。

しょくじのあと

かみさま、
いま
（あさの／おひるの／よるの）
ごはんを いただきました。
ありがとうございます。
げんきになった わたしたちが、
かみさまが よろこぶことを
できますように。
おしょくじを たべられない、
おともだちの ことも、
わすれません。
ごちそうさまでした。
アーメン。

神《かみ》さま、
今《いま》、
（あさの／おひるの／よるの）
おしょくじをいただきました。
大切《たいせつ》ないのちをいただいた
わたしたちが、
神《かみ》さまがつくられた
ひとつひとつのいのちを
大切《たいせつ》にできますように。
ごちそうさまでした。
アーメン。

じぶんのたんじょうび

かみさま、
きょうは、わたしの たんじょうび。
なんだか、わくわく しています。
かみさま、きょうまで ありがとう。
これから はじまる いちねんが、
うれしい としに、なるように、
みんなも うれしく なるように。
アーメン。

神《かみ》さま、
今日《きょう》は、わたしが生《う》まれた日《ひ》です。
○さいになりました。
みんながおいわいしてくれて、
うれしいです。
そだててくださった、神《かみ》さま、
たくさんの方々《かたがた》、ありがとう。
神《かみ》さま、これからも、
どうぞまもっていてください。
神《かみ》さまによろこんでいただける一年《いちねん》に
なりますように。
アーメン。

びょうきのとき

かみさま、
おねがいします。
○○○（おなか／あたま など）が、
とても いたいです。
○○○（いきなど）が、
とってもくるしいです。
かみさま、
どうぞ たすけてください。
アーメン。

神《かみ》さま、
にゅういんして
もう○○日《にち》になりました。
おいしゃさんは、
「だいじょうぶ」と言《い》うけれど、
なんだか、とてもしんぱいです。
神《かみ》さま、どうぞわたしといっしょに
いてください。
どうか、ぐっすりねむれますように。
はやく、おうちに帰《かえ》れますように。
おうちの人《ひと》を、まもってください。
アーメン。

たいせつなひとがなくなったとき

かみさま、
しんだら、どうなるの？
しんだら、どこに いくの？
どうして みんな、しななくちゃ
ならないの？
いきていても、しぬときも
いつも いっしょに いてくださる
かみさま、
いつか おしえてください。
おねがいします。
アーメン。

神《かみ》さま、
○○○さんが、
神《かみ》さまのところにいきました。
いっしょにお話《はな》ししたり、
たのしくあそんだりしたことを
思《おも》いだし、さびしいです。
神《かみ》さまは、わたしのかなしい気《き》もちを
わかってくださいますよね？
どうか、いっしょにいて、
元気《げんき》にしてください。
そして、なくなった○○○さんとも
神《かみ》さま、いっしょにいてください。
アーメン。

りょこうにいくとき

かみさま、
これから、おうちの ひとと
おとまりに いってきます。
どこに いっても、
みんなが なかよく できますように。
みんな、けがを しないで
かえって こられますように。
かみさまも いっしょに
きてください。
いくときも、かえるときも
まもってください。
アーメン。

神《かみ》さま、
これから、みんなでりょこうに行《い》きます。
じこやけがが、ないように、
だれも、びょうきにならないように
おまもりください。
しらないところで、しらない人《ひと》に
会《あ》うのが、たのしみです。
でもどこに行《い》っても、
神《かみ》さまをしっている人《ひと》たちが
たくさんいます。
だから、あんしんです。
行《い》ったことのない町《まち》でも、
みんなとなかよくなれますように。
アーメン。

ペットがしんだとき

かみさま、
きのう、〇〇〇が
しんで しまいました。
とっても かなしいです。
でも、〇〇〇と いっしょに いて、
たのしいことが、
たくさん ありました。
ありがとうございます。
かみさま、〇〇〇が てんごくでも
たのしく すごせるよう、
おまもりください。
アーメン。

神《かみ》さま、
げんきだった〇〇〇が、
死《し》んでしまいました。
かなしくて、なみだがとまりません。
〇〇〇が、こんなに大切《たいせつ》な
友《とも》だちだったことが、よくわかりました。
今日《きょう》まで、〇〇〇といっしょに
いることができ、ありがとうございます。
今《いま》、〇〇〇が、神《かみ》さまのところに
いると思《おも》うと、ほっとします。
神《かみ》さま、〇〇〇を
これからもよろしくおねがいします。
アーメン。

だれかがひっこすとき

かみさま、
○○○さん（くん）が
えんに くるのは、
きのうが さいごでした。
きょうからは いません。
でも、○○○さん（くん）は、
「またあおうね」と、
いって くれました。
また、あえるように してください。
○○○さん（くん）を
まもってください。
おねがいします。
アーメン。

神《かみ》さま、
毎日《まいにち》いっしょにあそんでいた、
○○○さん（くん）が、
明日《あした》、ひっこしてしまいます。
もう会《あ》えない、と思《おも》うと、
さびしくなります。
むこうでも、お友《とも》だちができるように、
おまもりください。
きっと○○○さん（くん）も、
わたしたちのことを、
おいのりしてくれていると思《おも》います。
いつも、どこにいても、
イエスさまをとおして
つながっていられますように。
アーメン。

おともだちのために

かみさま、
おともだちを、ありがとう。
だいすきな ○○○さん（くん）、
きょうも、いっしょに
あそべるとうれしいな。
けんかをしたことが ある
○○○さん（くん）、
なかよく できると いいんだけど。
びょうきで おやすみの
○○○さん（くん）、
どうぞ、げんきに してください。
ともだち みんなを、
おまもりください。
アーメン。

神《かみ》さま、
お友《とも》だちって、ふしぎです。
なかよくしたり、けんかもしたり。
いっしょにあそぶのは、たのしいけれど
ときどき、ひとりでいたくなることも
あります。
ほかの子《こ》にも、
そんなことがあるのですか？
神《かみ》さま、ほかの子《こ》は
どんなおいのりをしてますか。
どうぞ、みんなをおまもりください。
アーメン。

かぞくのために

かみさま、
わたしの おうちの みんなの こと、
おはなしします。
いちばん ちいさいのは、○○○。
いちばん おおきいのは、○○○。
そのあいだは、○○○。
いつも いっしょに いる、○○○。
いちばんの なかよしは、○○○。
かみさま、
みんなを おまもりください。
アーメン。

神《かみ》さま、
わたしのかぞくは、○人《にん》です。
ひとりひとり、みんなちがって、
おもしろいです。
ときどきケンカもします。
かぞくってふしぎです。
なんにも話《はな》さなくても、
なんだか、気《き》もちがつうじます。
神《かみ》さま、どうしてわたしたちを
かぞくにしてくださったのですか。
神《かみ》さま、そのわけをおしえてください。
アーメン。

くるしんでいるひとのために

かみさま、
〇〇〇さん（くん）は、
いま（〇〇〇のことで）
とてもたいへんです。
かみさま、〇〇〇さん（くん）と
いっしょにいて、
どうかげんきにしてください。
つらい〇〇〇さん（くん）を
かみさまがたすけてください。
おねがいします。
アーメン。

神《かみ》さま、
お友《とも》だちの〇〇〇さん（くん）は、
今《いま》、〇〇〇のことでかなしくて、
こころがいっぱいです。
〇〇〇さん（くん）が
いつものように、元気《げんき》になれますように、
神《かみ》さま、おまもりください。
たいへんなことを、のりこえることが
できるように、たすけてください。
くらい気《き》もちを、神《かみ》さまの光《ひかり》で、
あかるくしてください。
神《かみ》さまが、ささえてくださいますように
おねがいします。
アーメン。

へいわをつくれますように

かみさま、
せかいで せんそうが あることを
いま、ききました。
おうちが なくなり、
おとうさん・おかあさんが
しんでしまった こが
いることも ききました。
かみさま、みんなが げんきに、
あかるく なれるように、
わたしに できることを
おしえてください。
アーメン。

神《かみ》さま、
いろんな国《くに》やいろんな人《ひと》が、
自分《じぶん》のことばかりをかんがえて、
ほかの人《ひと》をくるしめています。
わたしたちが、お友《とも》だちやみんなを
大切《たいせつ》にすることができますように。
イエスさまが、お弟子《でし》さんたちに
「へいわがあるように」と
おっしゃったことを思《おも》いだしながら、
わたしも、へいわをつくることが
できますように。
アーメン。

ひとりぼっちのとき

かみさま、
みんな おそとに いってしまい、
おうちで ひとりです。
とても さびしいです。
でも、かみさまが
いっしょに いてくだされば、
きっと たのしくなります。
かみさま、
どうか いっしょに いてください。
かみさまと、
たくさん おはなしできますように。
アーメン。

神《かみ》さま、
わたしがみえますか？
わたしは、ひとりぼっちです。
どうして、みんなわたしのことを
わかってくれないのでしょうか。
とてもつらいです。
神《かみ》さま、どうかいっしょにいてください。
神《かみ》さまがいてくだされば、
わたしはひとりぼっちではありません。
つらい気《き》もちをかるくして、
わたしをたすけてください。
アーメン。

けんかをしたとき

かみさま、
きょう、〇〇さん（くん）と
けんかを しました。
どうしたら、
なかなおり できますか？
あした、〇〇さん（くん）に、
はなしかけることが
できますように。
「ごめんね」と いうことが
できますように。
かみさま、たすけてください。
アーメン。

神《かみ》さま、
今日《きょう》、けんかをしてしまいました。
〇〇さん（くん）もわるかったけど、
わたしもきずつけることばを
言《い》ってしまいました。
〇〇さん（くん）、ゆるしてくれるかな？
これからも、
お友《とも》だちでいてくれるかな？
自分《じぶん》がしたわるかったことを、
〇〇さん（くん）に
「ごめんなさい」と言《い》えますように。
神《かみ》さま、いっしょにいて、
たすけてください。
アーメン。

うそをついてしまったとき

かみさま、
どうしたら いいですか。
うそを ついて しまいました。
なかなおり したいです。
また、いっしょに あそびたいです。
かみさま、あやまりたいです。
うそを ついて ごめんなさいと
いえるよう、
ゆうきを ください。
アーメン。

神《かみ》さま、
おともだちがないています。
わたしが、うそをついたからです。
もうゆるしてくれないかもしれません。
とてもかなしいです。
神《かみ》さま、ごめんなさい。
お友《とも》だちにも、あやまります。
うそをつくのではなく
よいことをするわたしになれるよう、
みまもってください。
アーメン。

いじわるをしたとき

かみさま、
いじわるは きらいです。
でも、いじわるを してしまいました。
こころが くるしいです。
かみさま、
いじわるな こころを すてて
なかよくする こころを
もてますように。
○○さん（くん）に、
ごめんなさいを いいます。
かみさま、
となりで みていてください。
アーメン。

神《かみ》さま、
わたしは、とてもいじわるでした。
いけないと、わかっていました。
でも、やめられませんでした。
○○さん（くん）は、かなしそうでした。
わたしのことを
大切《たいせつ》にしてくださる神《かみ》さま、
わたしも、ほかの人《ひと》を
大切《たいせつ》にできるようにしてください。
「ごめんなさい」と言《い》えますように。
アーメン。

つらいとき

かみさま、
いま、わたしの こころは
まっくらです。かなしいです。
どうか たすけてください。
どうか げんきにしてください。
かみさまが、
わたしと いっしょに
いてくださいますように。
アーメン。

神《かみ》さま、
元気《げんき》でたのしくすごしたいのに、
今《いま》、わたしは、
○○でつらいです。
自分《じぶん》では、どうにもならないことが
いっぱいです。
神《かみ》さまは、わたしにできないことを
させようとはしません。
どうか、わたしをたすけてください。
アーメン。

かみさま、ありがとう！

かみさまは、
よいもの たくさん くださった。
おひさまも あめも ゆきも
ありがとう。
いろんな いろの おはなも はっぱも
ありがとう。
ありがとうと おもえる こころを
かみさま、ありがとう。
アーメン。

神《かみ》さま、
からだをくださり、
ありがとうございます。
いただいたからだで、
たくさんあそんだり、べんきょうしたり
おいしいものが食《た》べられます。
神《かみ》さま、
こころをくださり、
ありがとうございます。
いただいたこころで、
うれしくなったり、ワクワクしたりします。
かみさま、これからもわたしの
こころとからだを、まもってください。
アーメン。

かみさまへのさんび

かみさま、
わたしたちは、
かみさまが だいすき。
かみさまも、わたしたちのこと
だいすきでしょ。

かみさま、かみさま、
かみさま、かみさま、
はーい、かみさま！
イエスさまの おなまえに よって、
アーメン。

神《かみ》さまは、
すばらしいせかいを、つくられた。
はるかとおくの、うちゅうから、
こんなにちいさな、わたしまで。
どうして、いのちはあるのだろう？
それは、神《かみ》さまを、さんびするため。
神《かみ》さま、神《かみ》さまはすばらしい。
わたしは、神《かみ》さまのもの。
アーメン。

かみさまのどうぐとして

かみさま、
かみさまが よろこばれる ことは
なんですか？
おうちの おてつだい？
おともだちと なかよくすること？
まだ、ちいさい わたしに
できることは、あまり ないけれど、
かみさま、
わたしにも おてつだいを させて。
アーメン。

神《かみ》さま、
だいくさんのどうぐ、
おりょうりのどうぐ、
おさいほうのどうぐ、
シャベルや、ほうきや、フライパン、
メガネや、はさみや、いろえんぴつ、
いろんなどうぐがあるけれど、
神《かみ》さまは、どんなどうぐをつかいますか？
わたしを、神《かみ》さまのどうぐにしてください。
神《かみ》さまのおしごとをするために、
わたしは、何《なに》ができるかな？
神《かみ》さま、それもおしえてください。
アーメン。

あとがき

「おいのりは、こきゅうのようなもの」と言《い》った人《ひと》がいます。そのとおりだと思《おも》います。かみさまが人《ひと》をつくられたとき、その鼻《はな》に、いのちの息《いき》をふき入《い》れられ、人《ひと》は生《い》きるものとなりました。

「かみさま、きいて！」といういのりも、こきゅうそのものだと思《おも》います。

「自分《じぶん》のおいのりを、みんな、どんなふうに思《おも》うかな？」と、気《き》にしなくてだいじょうぶです。かんじたことを、そのままことばにして、かみさまにおいのりしてください。

みなさんが、かみさまやイエスさまと、今《いま》までより、もっともっとお話《はな》しできるようになることを、心《こころ》からねがっています。

この本《ほん》をかいた人《ひと》（監修者・執筆者）

大澤《おおさわ》 秀夫《ひでお》

日本基督教団隠退教師。『季刊 教師の友』（日本キリスト教団出版局）編集委員。

(3-4, 9-14, 26, 36, 39, 46-47, 56-57, 66-67, 76-77, 82-83, 92 頁)

真壁《まかべ》　巌《いわお》

日本基督教団西千葉教会牧師。『教師の友』編集委員長。

(32-35, 37-38, 40, 48-49, 58-59, 78-81, 93-94 頁)

酒井《さかい》　薫《かおる》

日本基督教団東駒形教会牧師。『教師の友』編集委員。

(27-31, 50-51, 60-61, 74-75, 84-85, 91 頁)

望月《もちづき》 麻生《あさを》

日本基督教団足利教会牧師。『教師の友』編集委員。

(16-21, 44-45, 54-55, 64-65, 72-73, 86-87, 90 頁)

吉新《よしあら》 ばら

日本基督教団御影教会員。キリスト教教育主事認定者。『教師の友』編集委員。

(22-25, 41, 52-53, 62-63, 70-71, 88-89 頁)

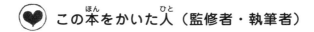

大澤秀夫、真壁巌　監修
酒井薫、望月麻生、吉新ばら　執筆

かみさま、きいて！
こどものいのり

2019年　6月20日　初版発行
2020年12月20日　再版発行

発行　日本キリスト教団出版局
169-0051
東京都新宿区西早稲田2丁目3の18
電話・営業 03（3204）0422
編集 03（3204）0424
http://bp-uccj.jp

印刷・製本　モリモト印刷

ISBN978-4-8184-1034-3　C0016　日キ版
Printed in Japan